AF602461

FRANÇOIS-EUGÈNE

DE FONTENAY

NOTICE NÉCROLOGIQUE

PAR

L'ABBÉ JOSEPH LÉMANN

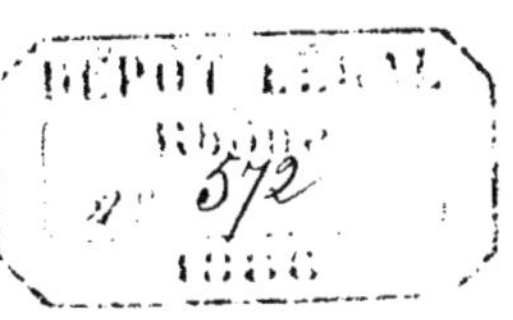

Ln 27
36354

LA MORT DANS LE SEIGNEUR
TRANSPARENTE COMME DU CRISTAL
DE
FRANÇOIS-EUGÈNE
DE FONTENAY

I

Il y a pour chaque mortel une maladie qui sera la dernière, des sacrements qui seront les derniers, des prévenances célestes qui seront les dernières, des adieux qui seront les derniers, un soupir qui sera le dernier : puis, c'est la mort !

Le monde n'y pense guère, mais le juste s'y prépare : aussi, quelque soudaine que soit sa fin, il n'est pas surpris.

Le juste Eugène de Fontenay avait cette prévoyance : il était de la race de ces grands *chercheurs* qui, au milieu de leurs travaux scientifiques, disent : *J'aime la vie pour chercher Dieu, j'aime la mort pour le rencontrer.*

Sa dernière maladie eut le caractère d'un coup de foudre. C'était le 24 février, dans la soirée ; il avait dit ses vêpres ; il avait écrit à son fils aîné avec une suprême tendresse ; il avait récité tout un rosaire, dévotion qui lui était familière ; il rentrait en son hôtel, lorsqu'au bas des degrés de l'escalier il fut frappé d'une attaque.

« *Je te dis que la porter me fera plaisir* », avait-il répondu à sa fille chérie Jeanne de Fontenay en lui enlevant des mains une lettre que celle-ci avait achevée et cachetée ; et malgré un froid pénétrant et un malaise qu'il ressentait depuis le matin, il l'avait portée lui-même à la poste. C'est en rentrant qu'après *avoir fait plaisir*, il s'affaissa sur la première marche de l'escalier. Toute sa vie, il s'était préoccupé de faire plaisir aux autres ; toute sa vie, également, il avait été cet homme dont parle le psaume : *Dans cette vallée de larmes, il dispose en son cœur des degrés, pour s'élever jusqu'au lieu qu'il veut atteindre*[1]. Aussi quand celles dont il était aimé, sa femme et sa fille, accoururent, l'angoisse au cœur et les bras tendus, ne semble-t-il pas qu'il y a eu alors, en cet endroit, comme une reproduction de l'échelle de Jacob :

Au bas des degrés, le voyageur était incliné;

Le ministère des anges se continuait dans les soins de ces femmes chrétiennes ;

Et Dieu, en haut, attendait le voyageur !

On a appelé la mort, lorsqu'elle recueille un juste, *le toucher de Dieu*. Délicate image, qui assimile l'acte divin au tact du jardinier qui jugeant un fruit mûr, se contente de le toucher pour qu'il lui tombe dans la main! Cette pensée est exquise. Elle se vérifie principalement dans la religion catholique où les enfants de Dieu, à leur lit de mort, peuvent recevoir les derniers sacrements. Des onctions saintes leur sont faites. Ces onctions ne sont-elles pas vraiment le toucher de Dieu? Par une aberration étrange, on en est venu, dans le monde, jusqu'à

[1] *Psaume* LXXXV, v. 7.

redouter ce tact du céleste jardinier, comme si le fruit mûr ne devait pas être pour Lui!... La foi des deux anges gardiens de M. de Fontenay se garda bien de le Lui disputer. Aussitôt que le cher malade eut été transporté dans sa chambre, Jeanne s'approche tendrement de son père, il ne pouvait plus parler, mais il entendait encore; et elle, de lui dire, en étouffant son émotion: « *Mon bon père, faites de tout votre cœur le sacrifice de votre vie, comme ma mère et moi nous le faisons, afin que le bon Dieu vous reçoive dans le ciel. O père, vous n'avez pas peur du bon Dieu, n'est-ce pas ?* » Un sourire effleura ses lèvres, et il ouvrit ses mains pour recevoir les saintes onctions; cette douceur lui vint du vénérable supérieur du petit séminaire, M. Truchot, son confesseur.

Dans la mort du juste, outre le toucher céleste par les sacrements, apparaissent encore ce qu'on peut nommer les dernières prévenances du royaume de Dieu.

Pour chacun de nous, durant la vie, il y a des prévenances de ce royaume. Qui ne les a connues? Qui n'en a, à certaines heures, subi les charmes et les pressantes sollicitations? Elles sont variées à l'infini, mais toujours délicates. Par exemple: pour le philosophe, pour le protestant sincère, pour le déiste rêveur, en un mot, pour toute intelligence qui cherche franchement la vérité, c'est un je ne sais quoi d'idéal et de souriant qui lui dit, lorsqu'il pense au catholicisme: Oh! comme l'Église catholique est belle!... Pour l'honnête homme, qui est esclave du devoir et qui, par une contradiction pénible, ne remplit pas ses devoirs de chrétien, c'est un doux reproche qui lui dit au cœur: Oh! comme les sacrements sont bons, et comme ils te donneraient, dans tes épreuves, le courage de souffrir!... Pour l'homme coupable, très coupable, c'est le remords qui bat son cœur comme un flot inquiet, et lui montre la justice tout à la fois belle et sévère... Or, toutes ces visions, ces attraits, ces sourires, ces poursuites, ces remords, ne sont pas autre chose que les prévenances du royaume de Dieu qui veut avoir chacun de nous pour citoyen, pour sujet, pour enfant! A l'heure de la mort, ces prévenances redoublent, et, pour le juste, elles sont souvent merveilleuses : alors que, autour d'un lit de mort, aux yeux des assistants, tout à coup le visage du juste s'illumine ; il sourit à une vision, il tend les bras, et il passe comme emmené : c'est le royaume de Dieu qui est venu le recueillir !

Pour Eugène de Fontenay, ces dernières prévenances s'exprimèrent d'une manière visible et touchante. C'était minuit. Sa fille Jeanne avait conjuré le médecin de faire tout au monde pour que la vie de son père pût se prolonger jusqu'au matin, afin que si le ciel l'appelait, son apparition devant Dieu coïncidât avec l'heure où le saint Sacrifice est offert. A minuit donc, grâce à une faveur précédemment obtenue à Rome, et par une prévenance bien douce de Monseigneur l'évêque d'Autun qui dit *j'accorde tout*, la messe se célébrait dans la chambre du cher malade. Mme de Fontenay et sa fille communièrent, puis venant s'agenouiller aux deux côtés de celui qui allait les quitter, et s'emparant, chacune, d'une de ses mains, elles firent ainsi leur action de grâces. En les couvrant de leurs baisers, en y imprimant leurs lèvres chaudes du passage du Dieu d'amour, elles auraient voulu les empêcher de se glacer !

Mais l'amour filial, dans ses industries et ses angoisses, ne s'était point contenté de cette chapelle improvisée et de cette supplication solitaire. Au milieu des ombres de la nuit, des amis dévoués avaient parcouru les différents quartiers de la ville. Tous les prêtres d'Autun avaient été avertis, et leurs messes pieusement sollicitées. Aussi, à l'aube du jour, de tous les points de la ville, des églises et des chapelles, le calice du sang de l'Agneau s'élevait-il vers le trône des miséricordes pour le passage de cette vie à l'autre d'Eugène de Fontenay; le crépuscule du matin! la sainte Église, en sa Liturgie, aime à le rappeler comme beau symbole à ses enfants de lumière : ce fut au moment de ce crépuscule que l'âme du bon serviteur entra dans l'éternité!

Enfant miraculée de Lourdes, votre père, à l'époque de votre maladie et de votre guérison, avait été pour vous d'une tendresse inexprimable. Vous le lui avez bien rendu dans son passage à une vie meilleure! Il expirait entre vos bras le 25 février, anniversaire d'une des apparitions de Notre Dame de Lourdes. C'était encore une prévenance du royaume du ciel!

Le deuil du foyer devint le deuil de toute la ville. Durant quatre jours, les différentes communautés se disputèrent l'honneur, la consolation et la tristesse de veiller auprès de la couche funèbre.

Henri, le premier de ses deux fils, était accouru de Dijon. Quand il fut en présence de la terrible réalité, oubliant sa propre douleur, il ne pensa qu'à celle de sa tendre mère, et durant cinq minutes, ses lèvres tremblantes ne cessaient de répéter ce cri monotone qui fendait le cœur : *Pauvre maman, pauvre maman, pauvre maman...*

Son autre fils, Joseph, était loin, bien loin, dans l'île de Jersey, au *scholasticat* de la Compagnie de Jésus. Télégrammes sur télégrammes lui avaient été envoyés, mais le câble télégraphique s'était rompu dans une furieuse tempête. Quel contretemps ! Allait-il donc, le pauvre enfant, manquer, seul, aux derniers adieux ! Un jour, il avait écrit à sa sœur : « *Jeanne, je me rappelais hier (oh! comme si j'y* « *étais...) la crainte que j'avais de perdre papa.* « *C'était à Lille. Vous étiez, toi et papa, venus* « *me voir ; et, trois bons jours, nous nous étions* « *ensemble longtemps entretenus, et comblés de*

« *tendresses. Vous alliez repartir, retourner à* « *Paris; il était une heure. J'avais obtenu de vous* « *mettre en vagon. J'étais monté, puis descendu.* « *Je dévorais papa des yeux, me demandant,* « *tout ému, si je le reverrais encore vivant:* « *hélas, son âge, ses quelques souffrances m'in-* « *quiétaient! On annonce le départ. en fer-* « *mant les portières. Je cours l'embrasser, l'em-* « *brasser encore... puis je reviens de nouveau.* « *Il fallut qu'il se fachât presque, parlant d'un* « *accident possible, pour que je descendisse.* » Le pauvre enfant était donc à Jersey. Son supérieur lui annonce un matin qu'il partira le jour même pour Autun où il était attendu. Joseph aimait son père comme le premier Joseph avait aimé le vieux Jacob. Aussi, le cri qui jaillit de son cœur fut-il celui du fils de Rachel dans l'entrevue avec ses frères: « *Mon père vit-il encore?* » Hélas! il ne devait pas goûter, comme l'enfant du patriarche, le suprême bonheur filial de revoir son vieux père, de se sentir entouré de ses bras, de se faire bénir par lui, de lui fermer les yeux! « *Joseph aussi vous fermera les yeux de ses mains* », avait dit le Seigneur à Jacob. Quand le jeune disciple de la Compagnie de Jésus arriva à Autun, les yeux de son père étaient fermés. Il s'agenouilla pieusement, contempla durant une heure ce visage chéri, demeuré beau et qui l'attendait, remercia sa mère, sa sœur, d'avoir lutté contre le temps et le trépas pour lui conserver cette dernière vision : et puis, avec son frère Henri, au milieu d'un concours d'amis, dont plusieurs étaient accourus du fond de la Lorraine, ils placèrent leur père dans un cercueil avec ces deux souvenirs : le crucifix de sa mère, et une vierge de Lourdes en cristal de Baccarat.

Consolez-vous, bon Joseph, de n'avoir pas fermé les yeux à votre père. Moins heureux que le fils du patriarche au point de vue de la satisfaction de la nature, vous aurez une grâce qu'il n'a pas connue : son froment à lui, n'était que de la terre; mais vous, dans la chapelle du château qui vit votre sacrifice, vous distribuerez le froment des élus... vous serez un saint prêtre!

II

Tous ceux qui montent aux cieux ont un cortège d'honneur, l'Écriture le dit : *leurs bonnes œuvres les accompagnent.*

On éprouve un charme tout particulier à considérer le cortège d'Eugène de Fontenay : car entre la Cité céleste et les bonnes œuvres de ce juste, on discerne sans peine d'harmonieuses affinités.

Première affinité :

Quelque chose du ciel a été dépeint par saint Jean sous l'emblème d'une cité de cristal :

Devant le trône de Dieu, le pavé resplendissait comme une mer de verre, semblable à du cristal...

Un fleuve d'eau vive, clair comme du cristal, coulait du trône de Dieu et de l'Agneau...

La lumière qui éclairait la céleste Jérusalem était semblable à une pierre précieuse transparente comme du cristal...[1]

Or les travaux d'Eugène de Fontenay, concentrés

[1] *Apocalypse.*

sur le cristal, s'étaient éclairés, en quelque sorte, à cette limpide lumière de la cité d'en haut. Un exemple :

La fabrication du cristal coloré avait été un de ses triomphes. On appelle ce procédé *doubler les verres*, parce qu'à la couleur blanche du verre on allie, par des procédés chimiques des plus ingénieux, l'essaim brillant des autres couleurs : le rose, le bleu céleste, l'or, le vert émeraude. C'est là, peut-être, l'opération qui fait le mieux comprendre le christianisme dans ses rapports avec l'humanité. L'âme humaine, en effet, considérée d'après ses seules aptitudes naturelles, n'est qu'un verre blanc, un cristal précieux, mais mat et sans couleurs. Les couleurs viennent du Christ. Lorsque le rayon de la grâce, semblable à l'action du feu sur un cristal en fusion, vient projeter et réfléchir sur une âme le visage du Christ, cette âme, à l'instant, étincelle de mille nuances délicates : elle n'est plus un simple verre blanc, elle a le vif émail des couleurs chrétiennes, l'humilité, la douceur, la charité. Elle est en quelque sorte *doublée* : doublée du Christ ! Eh bien, cette merveilleuse coloration, Eugène de Fontenay

....

l'avait réalisée en lui-même avant de la transporter dans ses travaux. Il s'était offert sans réserve au Christ qui l'avait pénétré; et la grâce dont il avait reçu avec docilité les moindres impressions, avait fait de son âme, un chef-d'œuvre de vertus, tandis qu'il faisait des chefs-d'œuvre de ses verres!

Aussi, est-ce sans effort qu'on entrevoit son âme, au ciel, comme un vase de cristal d'honneur : *Si quelqu'un se garde pur*, a dit saint Paul, *il sera un vase d'honneur, sanctifié*[1].

Autre harmonieuse affinité de sa vie avec la cité céleste :

Au rude travail des ouvriers verriers, il avait apporté un adoucissement inappréciable : la possibilité du repos du dimanche. Avant lui, une telle défectuosité existait dans les fours des verreries que la matière vitreuse en fusion ne pouvait être façonnée à l'heure prévue. Aussi, forcément, la fournaise dévorait le dimanche! Mais, Eugène de Fontenay avait prié, puis cherché, et à force de chercher, il avait trouvé et créé les fours à fusion fixe : c'est pourquoi

[1] *IIe Épit. à Timothée*, II, 21.

tous les verriers lui devaient leur dimanche !... La très sainte Vierge Marie est appelée par un Père de l'Église d'un nom bien doux : *le dimanche des cœurs*. Voici ce charmant passage de saint Pierre Damien : « O Marie, vous êtes le lever du soleil et le « commencement de la lumière. Vous êtes le myrte « et la rose en fleurs du Paradis ; vous êtes la beauté « du ciel. Vous êtes le dimanche des cœurs ! » En effet, de même que le dimanche ramène la joie et un air de fête dans les foyers chrétiens, de même, toujours souriante et douce, la Vierge n'est-elle pas le perpétuel dimanche des cœurs, qu'elle réjouit et met en fête ? Puisqu'il en est ainsi, ô bonne Vierge, et puisque, d'autre part cet excellent chrétien, cet insigne bienfaiteur des ouvriers s'était ingénié, en perfectionnant les creusets et les fours, à faire retrouver le dimanche et l'église à des familles entières de travailleurs, n'est-il pas permis d'espérer fortement que vous avez bien vite abrégé pour lui, peut-être même éloigné, le creuset du Purgatoire ? Quand il sortit de cette vie, oh ! vous avez dû être, de suite, le dimanche éternel de son cœur !

Une dernière affinité entre les œuvres de ce juste et la patrie des cieux :

C'est dans cette belle patrie que se réalisera pleinement la jouissance de la réunion fraternelle, ainsi célébrée par le Prophète royal : *Que c'est donc chose bonne et agréable que les frères habitent dans l'unité !* Eugène de Fontenay avait travaillé constamment à la réalisation de cette bonne et sainte chose : l'habitation dans l'unité, la concorde, l'union des mains et des cœurs. Son foyer domestique avait été suave ; les cristalleries de Baccarat, sous son administration, avaient été pacifiques. Le délicieux tableau que voici a été tracé par son savant biographe :

« Ses ouvriers le surnommaient le *bon père Fontenay*. La maison du directeur s'ouvrait sur une « cour plantée de marronniers séculaires. Cette cour « de plusieurs hectares de superficie était entourée « de maisons à un seul étage. Habiter la *cour* était « un honneur. Le voisinage du directeur n'effrayait « personne. C'était un précieux voisin à qui on allait « sans appréhension. Dans la maladie ou la détresse « on était sûr d'être accueilli ; il fut durant trente « ans la première sœur de charité de ses ouvriers,

« bien qu'il se cachât d'une bonne œuvre, comme « d'autres d'une mauvaise action. Il ne refusait ja- « mais, et *ses clients*, comme il les appelait, ne le « laissaient pas chômer.

« La bonté, chez lui, n'altérait en rien l'autorité, « il suffisait d'un signe pour être obéi, et si, dans de « rares circonstances, les défauts du travail ou l'in- « discipline l'obligeaient à infliger un congé, l'ex- « pulsé ne s'éloignait de lui que les larmes aux yeux. « Un de ses anciens ouvriers répétait, un jour après « sa mort, en rappelant sa bonté, sa justice, son « abord facile : *Jamais un mot blessant qui pût nous « humilier n'est sorti de sa bouche, quelque mé- « ritées que fussent les réprimandes qu'il avait « à nous adresser; aussi le considérions-nous « comme notre père, notre protecteur, l'avocat de « nos intérêts!* »

A cette exquise appréciation, que la ville entière de Baccarat eût signée, il suffira d'ajouter un détail, en le transportant au ciel :

Deux candélabres d'une dimension colossale, en cristal taillé et d'une exécution merveilleuse, furent placés par lui à l'Exposition universelle de Paris, en 1855 : ces deux candélabres représentaient des palmiers; le monde entier les admira;

Or, ces palmiers ne rappelaient-ils pas la vie patriarcale, les mœurs simples, les groupes tranquilles formés à leur pied [1]? Et lorsque les quatre-vingt-dix lumières dont chacun de ces deux palmiers de cristal était paré, se trouvaient allumées, ne devait-on pas avoir une éblouissante vision du ciel?

Ils nous ont rappelé cette pensée aussi charmante que consolante de saint Augustin : *Au ciel on formera des groupes*. Ce qui signifie : que ceux qui se sont connus et aimés sur la terre se reconnaîtront auprès de Dieu. L'universel dans l'amour n'empêchera pas le particulier dans l'amour : on retrouvera les groupes si variés dont la famille, le travail et l'amitié eurent besoin ici-bas pour accomplir leurs destinées respectives.

Ces groupes, bon Eugène de Fontenay, vous aviez su les commencer sur la terre : un jour, au ciel, les intimes de votre foyer, les fidèles verriers de vos

[1] Dans presque toutes les mosaïques qui représentent dans l'abside des basiliques de Rome la Jérusalem céleste, le palmier y figure comme un symbole indispensable.

cristalleries les reformeront autour de celui qui fut leur père et leur si bon maître. Oui, sous les palmiers éternels, dont vous aviez entrevu et exprimé la beauté, on formera des groupes! On y parlera de la terre, des travaux accomplis ensemble, des souffrances courageusement supportées. Ensemble, nous remercierons le Seigneur de nous avoir aimés. Ensemble, nous mettrons, à l'envi, nos couronnes à ses pieds; et nous lui dirons, d'un même cœur, dans l'extase de la reconnaissance : *Seigneur, en couronnant nos mérites, Vous couronnez vos propres dons!* CORONANDO MERITA, CORONAS DONA TUA!

III

Une crainte nous survient.

En contemplant et célébrant le cortège des bonnes œuvres de ce juste vers la cité des cieux, n'aurions nous pas donné, à nos accents, un ton trop affirmatif? Notre plume ne se serait-elle pas imprudemment transformée en pauvre petite harpe de la terre, fasciné que nous étions par ces harpes célestes que vit encore saint Jean au-dessus de la mer de cristal : *Et je vis comme une mer de verre mêlée de feu, et ceux qui avaient vaincu étaient sur cette mer de verre, et ils avaient des harpes de Dieu* [1].

Eh bien non ; nous bannissons cette crainte : car voici de doux et précieux témoignages qui venant de personnes graves, valent incomparablement mieux que nos accents.

[1] *Apocalypse*, xv, 2.

TÉMOIGNAGE
DE SON ÉMINENCE LE CARDINAL CAVEROT
ARCHEVÊQUE DE LYON

« *Vous savez le profond attachement que nous portons à celui que vous pleurez, et que nous pleurons nous-même comme un membre de la famille. Mais quand il s'agit d'un homme aussi excellent, et d'un chrétien sérieux et dévoué comme lui, la douleur que l'on éprouve ne doit pas ressembler à celle que ressentent ceux-là qui n'ont pas d'espérance.* »

TÉMOIGNAGE
DE SON ÉMINENCE LE CARDINAL LAVIGERIE
ARCHEVÊQUE D'ALGER ET DE CARTHAGE

« *Il a reçu la récompense promise au serviteur fidèle. Il l'a méritée par une longue vie de courageux exemples. Personne ne le sait mieux que l'ancien évêque de Nancy. Qu'il veille sur vous tous du haut du ciel! Qu'il ait la joie de vous voir tous, un jour, réunis autour de lui dans le ciel, comme il aimait tant à vous voir réunis sur la terre, avec cette grande famille des ouvriers de Baccarat dont il était le père et le modèle!* »

TÉMOIGNAGE
DE SON ÉMINENCE LE CARDINAL PITRA
ÉVÊQUE DE PORTO
ET BIBLIOTHÉCAIRE DU VATICAN

« *J'ai partagé la grande consolation que donne la mort d'un juste. Devant ce repos dans le Seigneur, il n'y a pas même de séparation. On se tend la main et on la serre d'un monde à l'autre. Enfants bénis d'un si bon père, il vous semblera avoir déjà mis un pied dans le ciel pour y mettre l'autre sans effort!* »

TÉMOIGNAGE
DE MONSEIGNEUR MARCHAL
ARCHEVÊQUE DE BOURGES

« *Me rappelant la foi sincère et si généreuse de M. de Fontenay, sa bonté inaltérable, sa charité et toutes ces éminentes facultés qui lui ont attiré en même temps l'estime et l'affection de tout ceux qui ont eu le bonheur et l'honneur de le connaître, je me dis : que tout nous autorise à espérer que son âme est en possession de la récompense que le Père céleste réserve à ses bons et fidèles serviteurs.* »

Témoignage
de Monseigneur FOULON
archevêque de Besançon

« *Votre excellent père était un modèle de foi et de piété; il l'a toujours été quand même et malgré tout!* »

Témoignage
de Monseigneur TURINAZ
évêque de Nancy

« *La vie de M. de Fontenay a été si noble, si pieuse, sa mort a été si visiblement bénie de Dieu que les consolations surabondent là où abonde la douleur. Je sais le bien qu'il a fait dans mon diocèse, les souvenirs qu'il a laissés à Baccarat et qui y sont encore si précieux et si puissants.* »

TÉMOIGNAGE
DE MONSEIGNEUR LELONG
ÉVÊQUE DE NEVERS

« *Combien je m'unis aux regrets universels que cause la mort, j'allais dire le départ pour le ciel de ce vaillant chrétien qui fut bien vraiment sur la terre le juste de nos saints Livres! Je ne doute pas que Dieu l'ait trouvé prêt à répondre à son appel quelque subit qu'il ait été.*

A ces regrets, à ces hommages venant de haut, on pourrait joindre les regrets et les hommages, plus humbles mais non moins précieux, de personnes qui connurent M. de Fontenay dans l'intimité : de M. l'abbé *de Musy*, sur lequel la très sainte Vierge a posé à Lourdes le sceau de ses tendresses; de M. l'abbé *Sire*, qui a façonné le plus riche diadème de l'Immaculée, dans notre siècle; de M. *Lasserre*, qui a été l'infatigable pionnier du chemin de Lourdes; du Révérend Père *Félix*, le grand Religieux de Notre-Dame, et de tant d'autres qui ont cultivé, admiré et pleuré M. de Fontenay. Leurs témoignages peuvent se résumer dans ces paroles de l'un d'eux:

« Il laisse des souvenirs qui sont des motifs de
« légitime fierté pour ceux qui en héritent; et sa
« mémoire sera vénérée par tous ceux qui auront eu
« le bonheur de le connaître, comme celle du juste
« selon Dieu, du type de l'honneur et de la noblesse
« de sentiments selon les hommes. »

Nous finirons par un témoignage qui nous a semblé le plus précieux de tous, parce qu'il vient de l'Évêque qui a béni la couche funèbre d'Eugène de Fontenay.

Devant une assemblée d'élite à Autun, Monseigneur Perraud a prononcé cet éloge:

« M. de Fontenay, vivant, n'a laissé voir de sa charité que ce qu'il ne pouvait pas ne pas montrer. Ce digne chrétien prenait soin de faire ses bonnes œuvres dans le secret; mais Dieu donne à l'humilité du juste une douce récompense. Dès qu'il a disparu, son souvenir se trouve entouré des bénédictions et des regrets publics; il laisse derrière lui la bonne odeur de ses vertus. On dirait un vase précieux dont on vient de soulever le couvercle et qui laisse échapper les parfums cachés dont il était rempli. »

C'est ce couvercle soulevé par des mains épiscopales et par les deux solitaires du foyer en deuil qui nous a permis d'odorer et d'apprécier ces parfums. Puissent-ils n'avoir rien perdu, sous notre analyse tremblante, de leur senteur et de leur prix!

LYON. — IMPRIMERIE PITRAT AINÉ, 4, RUE GENTIL

www.ingramcontent.com/pod-product-compliance
Ingram Content Group UK Ltd.
Pitfield, Milton Keynes, MK11 3LW, UK
UKHW020529180726
13839UKWH00005B/2410

9 782329 597683